COPPENRATHS GOLDENE BIBLIOTHEK
Geschichten zum Miteinanderreden

In der gleichen Reihe erschienen:

Peter Grosz & Ingrid Kesper, Die Bescherung

Sitte Klijn-Hudson, Die schönste Krippe

James Thurber & Anne Isabelle Le Touzé,
Ein Mond für Leonore

Renate Schoof & Gisela Degler-Rummel,
Das Märchen von der einsamen Prinzessin

Monika Beyer & Petra Theissen,
Des Engels Notenblatt

Max Bolliger & Kerstin Völker,
Heinrich, der kleine Prinz

Inge Thoma & Anne Isabelle Le Touzé,
Der kleine König, der zwei Kronen hatte

ISBN 3-8157-1458-3
© 1997 Coppenrath Verlag, Münster
Alle Rechte vorbehalten
Printed in Italy

Gina Ruck-Pauquèt
& Karin Blume

Der Garten

Ein wahres Märchen
vom Glück mit der Natur

COPPENRATH VERLAG

Es war einmal eine Frau, die wohnte mit ihrem Mann, ihrem Sohn, ihrem Hund und ihrer Katze in einem Häuschen am Stadtrand.

Eines Tages aber starb der Mann. Bald darauf ging ihr Sohn fort und nahm den Hund mit. Und die Katze verschwand. Da redete die Frau mit niemandem mehr.

„Sie ist scheu geworden", sagten die Leute im Ort. Und sie ließen sie.

Die Frau pflanzte Blumen. Bald blühten in einem großen Kreis rings um ihr Haus Rosen und Dahlien, Phlox, Maßliebchen, Nelken und Zinnien, Petunien, Eisenhut, Malven, Rittersporn, Geißblatt, Weidenröschen und Anemonen.

„Wie schön", sagten die Leute im Ort.

Die Frau säte und pflanzte, und die Blumen wuchsen dichter und höher. Da verschwand das Haus hinter Lupinen und Schlafmohn, hinter Lilien, Jasmin und Feuerkraut.

Manchmal ging die Frau zum Einkaufen in den Ort. Aber das war sehr selten. Sie saß vor ihrem Haus, umgeben von Sonnenblumen, Margeriten, Vergissmeinnicht, Stiefmütterchen, Goldregen und Ringelblumen und hatte die Hände im Schoß.

Niemand wusste, was in ihr vorging. Und es machte sich auch niemand Gedanken darüber. Der Regen regnete, die Sonne schien, es wurde Tag und Nacht und immer wieder Tag und Nacht.

Unhörbar wuchsen die Blumen, bis sie ein Wald waren rings um das kleine Haus. Und weil die Frau sie nicht ausjätete, breiteten sich auch die Wildpflanzen aus.

Der Spitzwegerich und die Minze, der Sauerampfer, das Pfennigkraut, der Hasenkohl, der Nieswurz und der Schierling, die Kratzdisteln und der Holunder.

In der Mitte war das Haus. Rings um das Haus gab es eine Wiese. Rund um die Wiese standen die Blumen. Und hinter den Blumen wucherten Sträucher und allerlei Gewächs.

Studentenblume

In einer Ecke ihres Gartens hatte die Frau Gemüse und Kräuter angepflanzt. Davon ernährte sie sich, so dass sie immer seltener in den Ort hinaus mußte.

Erbsen und Bohnen wuchsen da, Kartoffeln, Zitronenmelisse, Kürbis und Majoran, Petersilie, Salat und Rosmarin, Salbei, Gurken, Zwiebeln und Tomaten, Kohl, Erdbeeren und vieles mehr.

Im Frühling sah man die Frau noch ein- oder zweimal. Es waren jetzt drei Jahre, dass sie allein lebte. In dieser Zeit blühte auf ihrer Wiese der Krokus in blau und gelb, Hyazinthen dufteten, Narzissen gab es, Maiglöckchen und Seidelbast, Tulpen, Veilchen und schließlich Gänseblümchen und Himmelsschlüssel.

Als der Löwenzahn ausgeblüht war und der Wind seine Samensegel forttrug, beschloss die Frau, überhaupt nicht mehr fortzugehen.

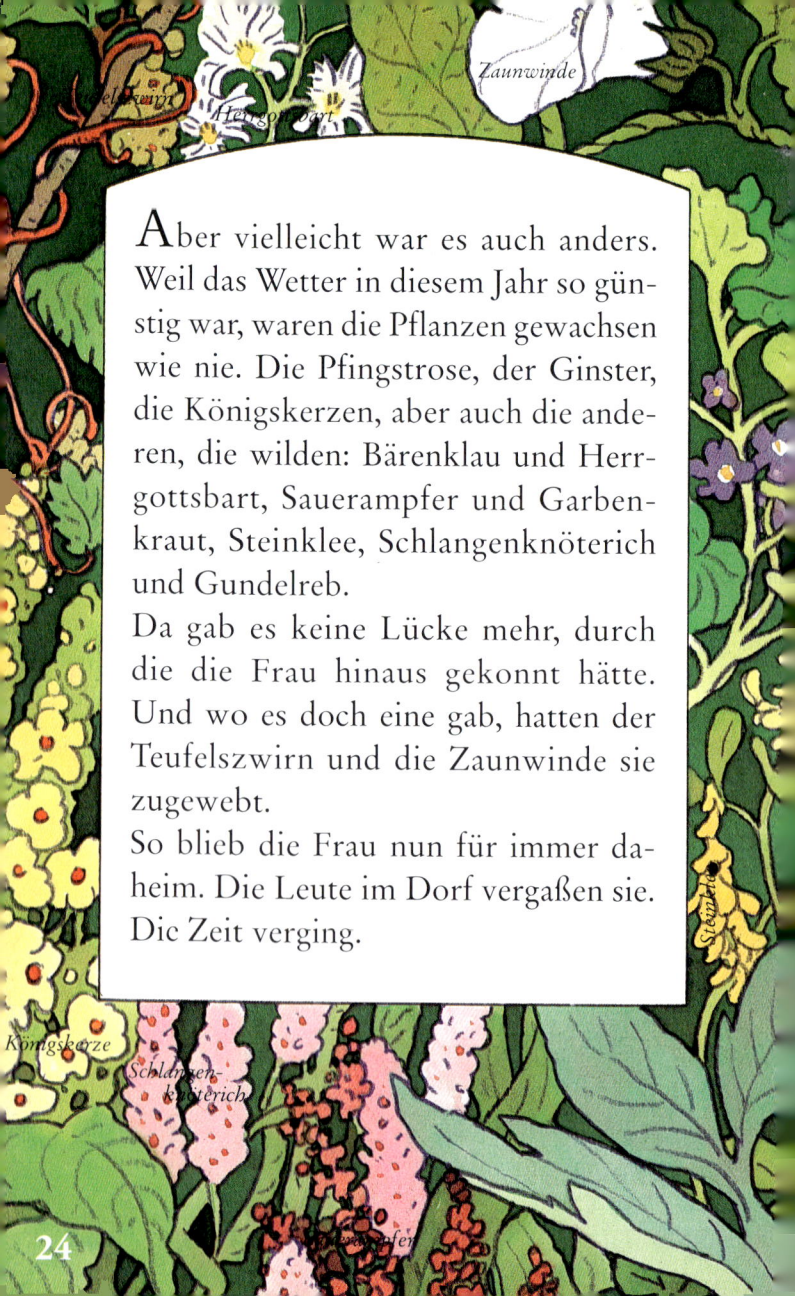

Aber vielleicht war es auch anders. Weil das Wetter in diesem Jahr so günstig war, waren die Pflanzen gewachsen wie nie. Die Pfingstrose, der Ginster, die Königskerzen, aber auch die anderen, die wilden: Bärenklau und Herrgottsbart, Sauerampfer und Garbenkraut, Steinklee, Schlangenknöterich und Gundelreb.

Da gab es keine Lücke mehr, durch die die Frau hinaus gekonnt hätte. Und wo es doch eine gab, hatten der Teufelszwirn und die Zaunwinde sie zugewebt.

So blieb die Frau nun für immer daheim. Die Leute im Dorf vergaßen sie. Die Zeit verging.

„Was ist da drüben?", fragte wohl manchmal ein Kind.
„Gestrüpp", sagte die Mutter.
„Und dahinter?"
„Ich weiß es nicht", sagte die Mutter dann. „Nichts."
Und sie zog ihr Kind an der Hand mit sich fort.

Einmal aber war da ein kleines Mädchen neugieriger als die anderen. Als niemand Acht gab, lief es zu dieser Mauer aus Sträuchern und Efeu, aus Büschen und Brennnesseln und begann, sich hineinzuzwängen.

„Lasst mich durch", sagte es zum Immergrün und zum Farn. „Bitte."

Brennnessel

Immergrün

Es war, als wichen die Pflanzen zurück. Der Hahnenfuß und das Gänsefingerkraut, der Huflattich und der Storchenschnabel.
So stand das kleine Mädchen schließlich zwischen den Geranien und dem Oleander, die hoch wie Bäume waren und über ihm zusammenschlugen.

Vor ihm, zwischen Rosen, Klatschmohn, Astern und Sternflockenblumen lag das Haus. Es war über und über mit Kapuzinerkresse bewachsen. Das sah sehr schön aus.

Vor der Haustür saß die Frau und hatte die Hände im Schoß.

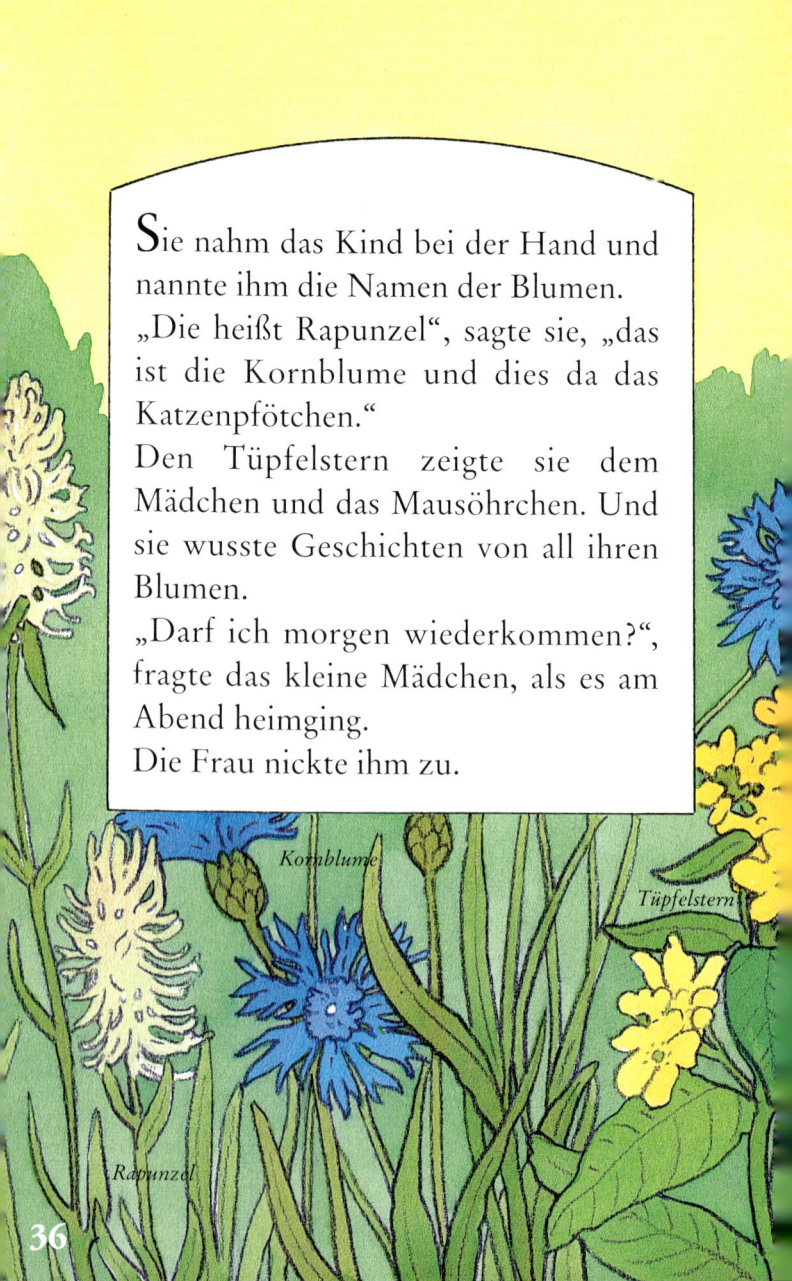

Sie nahm das Kind bei der Hand und nannte ihm die Namen der Blumen.
„Die heißt Rapunzel", sagte sie, „das ist die Kornblume und dies da das Katzenpfötchen."
Den Tüpfelstern zeigte sie dem Mädchen und das Mausöhrchen. Und sie wusste Geschichten von all ihren Blumen.
„Darf ich morgen wiederkommen?", fragte das kleine Mädchen, als es am Abend heimging.
Die Frau nickte ihm zu.

Am anderen Tag brachte das Mädchen einen Jungen mit. Und am Tag darauf kamen sie schon zu viert.

Jedesmal aber wurde es leichter, einen Weg durch die Pflanzen zu finden. Es war, als rückten sie Nacht für Nacht heimlich ein wenig mehr zur Seite, – das Tausendgüldenkraut, der Bärenklau, die Bibernelle, der Goldlack und das Pfaffenhütchen, so dass ein Weg entstand, der nach drinnen führte und nach draußen auch.

Tausendgüldenkraut

Bärenklau

Die Pflanzen
mit ihren botanischen Namen

Anemone – Anemone 11
Aster – Aster 33

Bärenklau – Heracleum 25, 40
Bibernelle – Pimpinella 41
Bohne – Phasealus vulgaris 20
Brennnessel – Urtica 28

Dahlie – Dahlia 10

Efeu – Hedera 29
Eisenhut – Aconitum napellus 10
Erbse – Pisum 21
Erdbeere – Frangaria

Farn – Dryopteris 29
Feuerkraut (Weidenröschen) –
  Epilobium angustifolium 13

*Gänseblümchen (Maßliebchen,
  Tausendschön)* – Bellis
  perennis 22
Gänsefingerkraut – Potentilla
  reptans 30
Garbenkraut (Schafgarbe) –
  Achillea millefolium 25
Geißblatt – Lonicera 11
Geranie – Pelargonium 30
Ginster – Genister 25
Goldlack – Cheiranthus 41
Goldregen – Laburnum 15
Gundelreb (Gundermann) –
  Glechoma hederaceum 25
Gurke – Cucumis 21

Hahnenfuß – Ranunculus 30
Hasenkohl (Rainkohl) – Lapsana
  communis 17
Herrgottsbart (Waldrebe) –
  Clematis vitalba 24
Himmelsschlüssel – Primula
  veris 22
Holunder – Sambucus 17
Hopfen – Humulus lupulus 19
Huflattich – Tussilago farfara 30
Hyazinthe – Hyacinthus 22

Immergrün – Vinca 28

Jasmin – Jasminum
  nudiflorum 12

Kapuzinerkresse – Tropaeolum 33
Kartoffel – Solanum tuberosum 23
Katzenpfötchen – Antennaria
  dioica 37
Klatschmohn – Papaver
  rhoeas 32
Kohl – Brassica 21
Königskerze – Verbascum 24
Kornblume (Sternflockenblume) –
  Centaurea cyanus 36
Kratzdistel – Cirsium vulgare 16
Krokus – Crocus 23
Kürbis – Cucurbita 20

Lilie – Lilium 12
Löwenzahn – Leontodon 22
Lupine – Lupinus 12

Maiglöckchen – Convallaria 22
Majoran – Origanum 21
Malve – Malva 11
Margerite – Chrysanthemum 14
Maßliebchen (Gänseblümchen,
    Tausendschön) – Bellis
    perennis 10
Mausöhrchen (Sumpfvergissmein-
    nicht) – Myosotis palustris 37
Minze – Mentha 16

Narzisse – Narcissus 23
Nelke – Dianthus 11
Nieswurz – Helleborus foetidus 17

Oleander – Nerium oleander 31

Petersilie – Petroselinum 21
Petunie – Petunia 10
Pfaffenhütchen – Euonymus 41
Pfennigkraut – Lysimachia
    nummularia 17
Pfingstrose – Paeonia 25
Phlox – Phlox 10

Rapunzel – Phyteuma spicata 36
Ringelblume – Calendula 15
Rittersporn – Delphinium 11
Rose - Rosea 10, 33
Rosmarin – Rosmarinus 20

Salat – Lactuca 21
Salbei – Salvia 20
Sauerampfer – Rumex acetosa 16, 24
Schierling, gefleckter – Conium
    maculatum 16
Schlafmohn – Papaver
    somniferum 13

Schlangenknöterich – Polygonum
    bistorta 24
Seidelbast – Daphne 22
Sonnenblume – Helianthus 15
Spitzwegerich – Plantago
    lanceolata 17
Steinklee – Melilotus officinalis 24
Sternflockenblume (Kornblume) –
    Centaurea cyanus 32
Stiefmütterchen – Viola tricolor 14
Storchenschnabel – Geranium 30
Studentenblume – Tagetes 18

Tausendgüldenkraut –
    Centaurium 40
Tausendschön (Maßliebchen,
    Gänseblümchen) – Bellis
    perennis 10
Teufelszwirn (Quendelseide) –
    Cuscuta epithymum 24
Tomate – Solanum lycopersicum 21
Tulpe – Tulipa 23
Tüpfelstern – Lysimachia
    vulgaris 36

Veilchen – Viola 19, 22
Vergissmeinnicht (Mausohr) –
    Myosotis 14

Weidenröschen (Feuerkraut) –
    Epilobium angustifolium 11

Zaunwinde – Calystegia sepium 24
Zinnie – Zinnia 10
Zitronenmelisse – Melissa
    officinalis 23
Zwiebel – Allium cepa 21

Über die Autorin

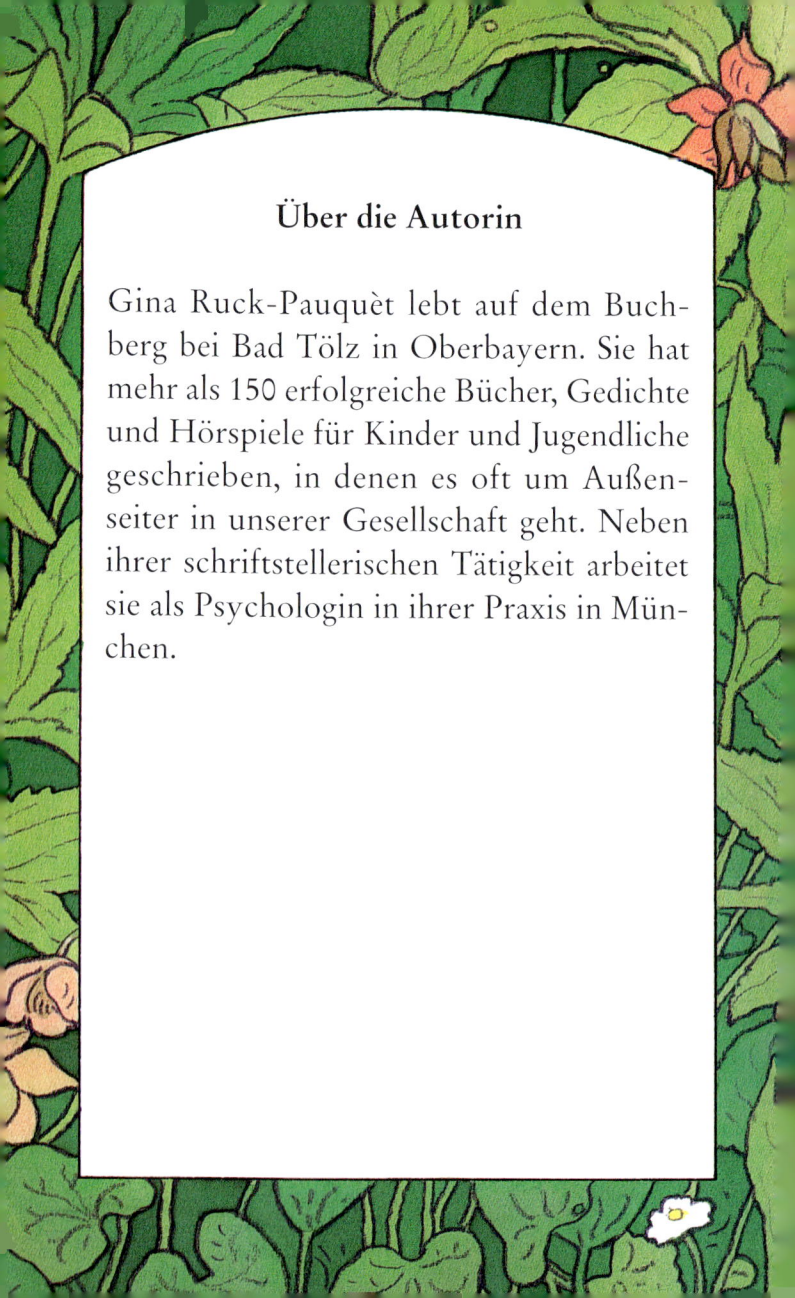

Gina Ruck-Pauquèt lebt auf dem Buchberg bei Bad Tölz in Oberbayern. Sie hat mehr als 150 erfolgreiche Bücher, Gedichte und Hörspiele für Kinder und Jugendliche geschrieben, in denen es oft um Außenseiter in unserer Gesellschaft geht. Neben ihrer schriftstellerischen Tätigkeit arbeitet sie als Psychologin in ihrer Praxis in München.

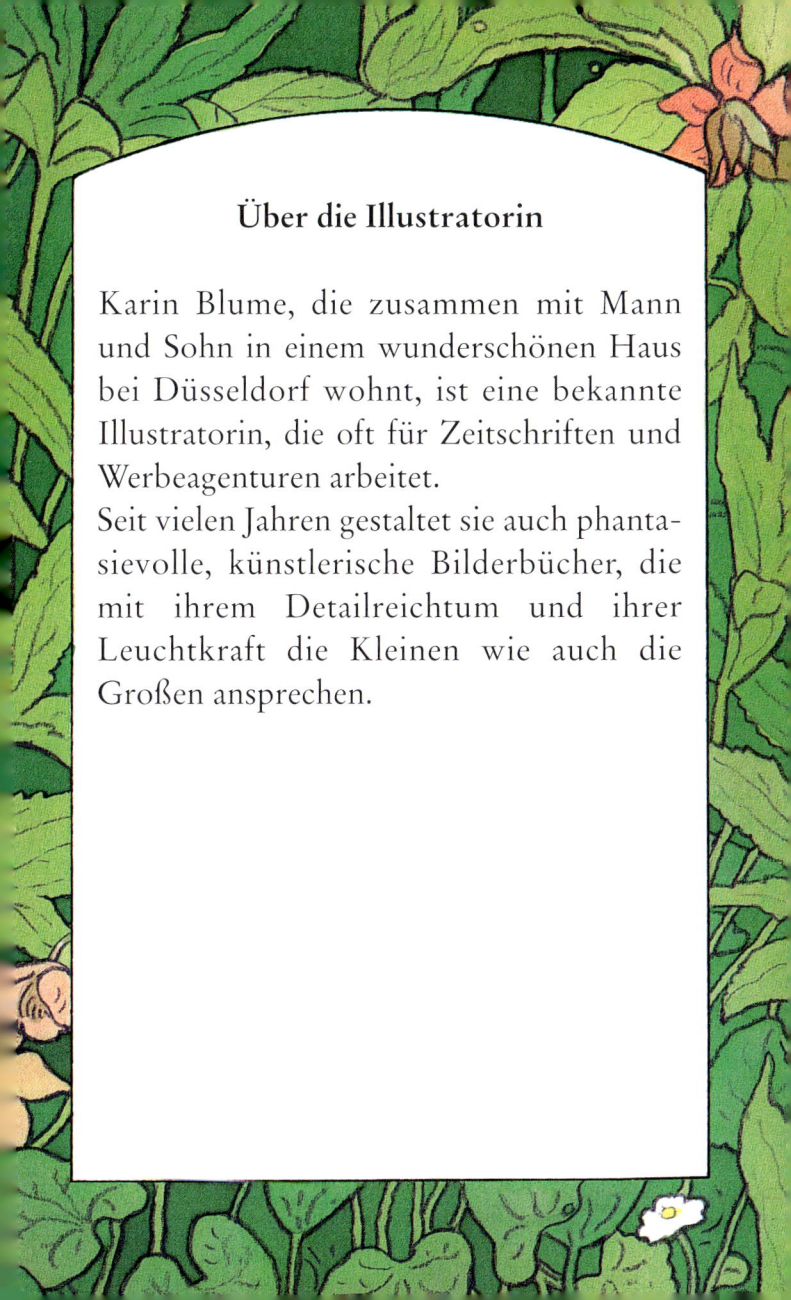

Über die Illustratorin

Karin Blume, die zusammen mit Mann und Sohn in einem wunderschönen Haus bei Düsseldorf wohnt, ist eine bekannte Illustratorin, die oft für Zeitschriften und Werbeagenturen arbeitet.
Seit vielen Jahren gestaltet sie auch phantasievolle, künstlerische Bilderbücher, die mit ihrem Detailreichtum und ihrer Leuchtkraft die Kleinen wie auch die Großen ansprechen.